EDUCACIÓN FÍSICA EN EDUCACIÓN PRIMARIA (UNIDADES DIDÁCTICAS DE 1er CICLO)

Agradecimientos a Luisa, lago, y a todas aquellas personas que hicieron posible la edición de este libro

I.S.B.N.: 978-1-4092-0276-9

ÍNDICE

1. INTRODUCCIÓN

La Educación Física busca a través del movimiento corporal el desarrollo integral de la persona, pero no reducida a aspectos perceptivos o motores, sino que también abarca aspectos comunicativos, expresivos, afectivos y cognitivos. Es por ello que la EF ha ido adquiriendo un mayor protagonismo en los últimos años, plasmándose en los currículos oficiales como un área curricular más del sistema educativo. Esta relevancia crece a raíz de la importancia del cuerpo y la actividad motriz como forma de relacionarse con el entorno y con otras personas, como fuente de salud y de calidad de vida, como forma positiva de aprovechar el ocio y tiempo libre.

La EF va a favorecer el desarrollo global de la persona fomentando aspectos relacionados con la realidad corporal, como son el esquema corporal, la lateralidad, la condición física, la expresión de las emociones, habilidades y conductas relacionadas con la salud, etc.

Desde nuestro punto de vista trataremos que el alumnado desarrolle patrones motores básicos que constituyan la base de posteriores aprendizajes, a través de actividades que impliquen actitudes y valores, en las que se vean reflejada la influencia del cuerpo y la conducta motriz. Del mismo modo también tendremos en cuenta el diferente ritmo de maduración de las alumnas/os, adaptándonos e individualizando en la medida de lo posible, teniendo en cuenta principalmente la edad biológica del niño/a, y tratando que alcance los objetivos desde la motivación y no simplemente desde la autoridad del maestro/a. Como dice Pieron, M. (1988) "...La enseñanza eficaz es la que encuentra los medios para que los alumnos se sientan comprometidos adecuadamente en la materia y ello durante un porcentaje elevado de tiempo, sin tener que recurrir a técnicas o intervenciones coercitivas, negativas o punitivas."

2. JUSTIFICACIÓN

Se concibe esta programación como el último eslabón de un proceso que unifica y estructura la labor educativa, por ello creemos necesario concretar a qué nos referimos cuando hablamos de programación didáctica. Así, según Viciana, J. (2002), podríamos diferenciar entre dos conceptos como son:

- ❖ Programación de aula: proyecto de trabajo de un curso académico, realizado por un profesor/a para un curso concreto dentro de un centro educativo.
- ❖ Programación didáctica: la realiza un conjunto de profesores/as, con unas directrices más generales que guiarán las programaciones de aula.

La elaboración programación didáctica es una de las funciones docentes, además de un factor determinante para incrementar la calidad educativa, tal y como establece la LOE (Ley Orgánica 2/2006, de 3 de mayo, de Educación) y sobre la que se fundamenta, incluyendo el Decreto 130/2007, de 28 de junio, por el que se establece el currículo de la Educación Primaria en la comunidad autónoma de Galicia, la presente programación.

Además hemos tenido en cuenta otras referencias legislativas:

- ☑ **Real Decreto 806/2006**, de 30 de junio. Establece el calendario de aplicación de la LOE, determinando qué aspectos entran en vigor cada año.
- ☑ **Orden del 23 de noviembre de 2007.** Regula la evaluación de la Educación Primaria en la comunidad autónoma de Galicia. Aludiremos a ella en el apartado dedicado a la evaluación.
- ☑ **Decreto 374/96**, de 17 de octubre y **Orden del 22 de julio de 1997.** Forman el Reglamento Orgánico de Centros de Educación Infantil y Primaria. Fundamentales para el buen funcionamiento de las escuelas.
- ☑ **Orden del 9 de abril de 2007**. Es el calendario escolar para el curso 2007/08, en base a la cual se ha realizado la temporalización de esta programación didáctica.
- ☑ **Orden del 6 de octubre de 1995**. Establece las adaptaciones del currículo (medidas de atención a la diversidad)
- ☑ **Orden del 28 de octubre de 1996**. Regula las condiciones de escolarización de alumnos/as con alas capacidades intelectuales (según LOE).
- ☑ **Orden del 20 de febrero de 2004.** Determina las medidas de atención específica al alumnado de incorporación tardía al sistema educativo español.

La Programación didáctica ocupará una mitad de su desarrollo en aspectos más teóricos, enmarcándose en un contexto, analizando la relación de las unidades didácticas con los elementos prescriptivos del currículo, dando unas pautas acerca de los alumnos/as con necesidades específicas de apoyo educativo y señalando la metodología y evaluación a utilizar. La otra mitad tendrá un carácter más práctico, ya que será donde se desarrollen las 15 unidades didácticas y siguiendo los mismos apartados en todas ellas, con el fin de tener una mejor justificación en la labor docente.

Señalar que hemos tenido en cuenta aspectos fundamentales para la ley vigente, como son las Tecnologías de la Información y la Comunicación (TIC), el Fomento de la lectura y la Educación en valores.

3. CONTEXTUALIZACIÓN

Información general

El centro es un CEIP que se encuentra situado en una zona rural gallega, su tipificación es de línea 1, es decir posee un aula por curso, con lo que tiene tres grupos de educación infantil y 6 de educación primaria, sumando un total de 9 grupos. La ratio profesor/alumno es de 1/20, siendo el número de alumnas/os escolarizados un total de 180.

En este centro trabajas 11 maestros/as, de los cuales 6 son tutores/as, de estos uno es especialista en inglés y otro en música, y cinco son especialistas. La tutora de 6º es la directora, el especialista en música es la secretaria y la tutora de 4º desempeña labores de jefatura de estudios.

Nivel y ciclo de los alumnos/as a los que se va a aplicar la programación

La presente programación se aplicará en el primer ciclo de Educación Primaria, concretamente al segundo nivel (2º curso), el grupo cuenta con 20 alumnos/as 12 niñas y 8 niños.

Respecto al alumnado con Necesidades Específicas de Apoyo Educativo (NEAE) vamos a comentar todo lo concerniente al área de Educación Física en el apartado número 4 de nuestra programación.

Dependencias

El centro cumple con el RD **1537/2003** de 5 de Diciembre, por el que se establecen los requisitos mínimos de centros escolares que impartan enseñanzas de régimen general. De este modo consta de:

- Planta baja: aulas de educación infantil, y 1er ciclo de primaria, así como sala de usos múltiples, sala de profesores, dirección, jefatura de estudios, comedor y un patio cubierto.

- Planta 1ª: aulas de 2º y 3er ciclo de educación primaria, aula de música, biblioteca, aula de informática y laboratorio

Además en el recinto escolar existe una pista polideportiva descubierta con los campos de baloncesto, balonmano, fútbol sala y voleibol marcados. Existe un convenio de colaboración con el Concello para la utilización preferente para clases de Educación física del Pabellón Polideportivo y de la Piscina Cubierta situados al lado del Centro. Del mismo modo alrededor del centro existe una zona verde, debidamente delimitada y que cumple las medidas básicas de seguridad para la práctica de la actividad física, encontrándose allí señalizadas varias rutas de senderismo y un circuito vita.

Recursos humanos

El nivel socio – económico – cultural es medio – bajo, la mayoría de los padres y madres se dedican al sector primario (agricultura, ganadería) o sector terciario (servicios). El 75% de los padres y madres cuenta con estudios primarios, un 10% no posee estudios, el porcentaje restante cuenta con estudios de formación profesional, bachillerato o universitarios. En cuanto a la situación sociolingüística, la lengua utilizada por la mayoría del alumnado es el gallego, encontrándose excepciones dentro de las alumnas/os provenientes de otras zonas del estado e incluso de países de habla hispana, que utilizan el castellano; todos los integrantes de la comunidad educativa comprenden y hablan este idioma.

Por lo que se refiere a la relación entre el centro escolar y los padres, ésta es buena; éstos tienen interés y están bien informados de las actividades que en él se realizan. La Asociación de Padres de Alumnos colabora en actividades complementarias y extraescolares, lo cual indica una actitud positiva de cara a la educación de sus hijos/as.

Jornada escolar

La jornada escolar del centro es continuada de 9:00 a 14:00 en la que hay dos clases de 60 minutos y tres de 50 minutos, con un recreo de 30 minutos. La hora de exclusiva por parte del profesorado se realiza de 15:30 a 18:30. Y el horario de atención a padres y madres es el lunes de 15:30 a 17:00.

Existe comedor gratuito para todos los alumnos/as del centro, así como transporte tanto de sus domicilios al centro escolar, como, al finalizar la jornada escolar, desde el colegio hasta sus domicilios; tanto el servicio de comedor como de transporte es utilizado por la mayoría del alumnado.

Área de Educación Física

En el centro existe una sala de usos múltiples sin columnas, con pavimento de parquet flotante, un patio cubierto con numerosas columnas y una pista polideportiva descubierta de 40x20m (con campos marcados de baloncesto, balonmano, fútbol sala y voleibol). Además de un Pabellón Polideportivo de 45x27m. (con campos de bádminton, baloncesto, balonmano, fútbol sala, tenis y voleibol), y una Piscina cubierta con dos vasos uno de 11x5m., con profundidad máxima de 0,50m. y otro de 25x12m., con profundidad máxima de 1,79m.

Disponemos de gran número de pequeño material, como pelotas, aros y cuerdas de diferentes tamaños y colores, balones (baloncesto, fútbol, voleibol, balonmano y sus modalidades mini), discos voladores, saquitos de arena, indiacas, raquetas de bádminton y tenis, picas de plástico y madera, conos de diferentes tamaños y colores, etc.

En cuanto al gran material posee porterías, canastas de baloncesto y minibaloncesto, redes y postes para tenis voleibol, tenis, pádel y bádminton, espalderas, colchonetas, colchonetas quitamiedos, 1 potro, 2 plintos, bancos suecos, 1 minitramp y una rampa.

Actividades complementarias y extraescolares

Existen varias actividades extraescolares de carácter deportivo, como son Psicomotricidad, Iniciación al tenis y al fútbol sala, además de otras no relacionadas con nuestra área, como Dibujo e Informática. Además de estas están previstas diversas excursiones y actividades fuera del centro en función de los cursos a los que se dirigen. Por otro lado también está prevista la participación en el programa de la Concellería de Cultura e Deporte "Deporte na escola", de los cursos de 2º y 3er ciclo.

4. ALUMNOS/AS CON NECESIDADES ESPECÍFICAS DE APOYO EDUCTIVO

En la Ley Orgánica 2/2006, de 3 de mayo, de Educación (LOE), se introduce una variación en el concepto de atención a las Necesidades Educativas, variando el concepto de Necesidades Educativas Específicas por el de Alumnado con necesidad específica de apoyo educativo. Estas necesidades se identificarán tempranamente y se regirán por los principios de normalización e inclusión. Son de tres tipos:

- Alumnos/as de incorporación tardía al sistema educativo español, favoreciéndose su escolarización, y su adaptación al sistema educativo. En el grupo hay un alumno procedente de Colombia, pero, siguiendo la Orden de 20 de febrero de 2004, que regula la atención a los alumnos/as procedentes del extranjero, se encuentra plenamente adaptado al sistema educativo y que conoce la lengua, por lo que no será necesaria ningún tipo de medida de atención a la diversidad.

- Alumnos/as con altas capacidades intelectuales, Serán objeto de una atención específica, adoptando las medidas necesarias para identificar y evaluar de forma temprana sus necesidades y para su escolarización. En el grupo hay una alumna con superdotación intelectual. Estas personas, en Educación Física no suelen necesitar una atención directa, porque generalmente se adaptan al ritmo de aprendizaje de los demás alumnos/as.
- Alumnos/as que presentan necesidades educativas especiales, son los que requieren, por un período de su escolarización o a lo largo de ella, determinados apoyos y atenciones educativas específicas derivadas de discapacidad o trastornos graves de conducta. Se rigen por los principios de normalización e inclusión, asegurando la no discriminación y la igualdad en el acceso y la permanencia en el sistema educativo. En nuestro grupo nos encontramos con una niña que presenta mermada su capacidad auditiva o hipoacusia de 20 decibelios. Tiene disminuida la capacidad de reconocer determinados tonos y sonidos de intensidad baja y moderada. Esto no le ha impedido adquirir el lenguaje oral y puede realizar actividades que impliquen directamente el sentido del oído. Se encuentra perfectamente integrada entre los compañeros/as. Como medidas de atención durante las sesiones aplicaremos que:
    - Durante las explicaciones se situará cerca de nosotros y manteniendo siempre el contacto visual, procurando que nuestra voz le llegue clara, y nos aseguraremos de que nos ha entendido.
    - Mantendremos siempre una línea visual directa entre nosotros y ella.
    - Compensaremos la deficiencia auditiva con la vista, usando señales, colores...
    - Se situará cerca de la fuente de sonido en las tareas y sesiones en que las que se utilice.

5. RELACIÓN CON LOS ELEMENTOS DEL CURRÍCULO

A continuación se justifica esta programación con algunos elementos prescriptivos del currículo oficial (D. 130/2006, de 28 de junio, por el que se establece el currículo de Educación Primaria en la comunidad autónoma de Galicia)

RELACIÓN CON LAS COMPETENCIAS BÁSICAS

Las competencias básicas son aquellas que nos van a permitir poner en práctica de forma integrada, en contextos y situaciones diversos, los conocimientos, habilidades y las actitudes personales adquiridas. El concepto de competencia no sólo incluye el saber y el saber hacer, sino que también se refiere al saber ser o estar.

El sistema educativo debe propiciar la educación permanente, es por ello que a través de las competencias básicas se preparará a los alumnos/as a aprender por sí mismos y a fomentar el deseo de aprendizaje continuo, a desarrollar los valores de la ciudadanía democrática.

Las diferentes competencias contribuirán a integrar los diferentes aprendizajes, de forma que se puedan utilizar cuando sea necesario, y será un factor que oriente la enseñanza.

Estas competencias que el alumnado debe desarrollar al finalizar la enseñanza obligatoria, son, tal y como señala el D.130/2007, ocho, y las relacionamos a continuación con nuestra programación didáctica:

- **Competencia en comunicación lingüística**, estará vinculada dentro de nuestra área de Educación Física mediante los procesos de comunicación que se establecerán entre el alumnado y entre profesor-alumno/a, mediante la transmisión de las sensaciones en las sesiones, dudas, etc.; así mismo, el vocabulario específico del área también estará reflejado en cada una de las unidades didácticas de la presente programación.
- **Competencia matemática**, los números, en referencia a las agrupaciones que se realizarán en las sesiones (par, trío,...), a las operaciones que se pudiesen realizar con ellos, serán parte de cada unidad, incluida en la metodología desarrollada, de la misma forma en la unidad didáctica "Me expreso contigo", a través de la expresión corporal se pueden comunicar, utilizando el cuerpo conceptos como figuras geométricas y números.
- **Competencia en el conocimiento y en la interacción con el mundo físico**, estrechamente relacionada con nuestra área, ya que trataremos que nuestro alumnado entre en relación con su entorno más próximo, el cual ya hemos reflejado en un apartado anterior dedicado a la Contextualización, e íntimamente imbricado con la UD "Explorando mi entorno". Otros aspectos importantes serán los de la salud y la calidad de vida, relacionado con otras áreas, y puntos clave de la UD "¿Dónde estamos?"

- **Tratamiento de la información y competencia digital**, en las UD "Juego en Navidad" y "Nuestros juegos" los alumnos/as utilizarán el aula de informática y la biblioteca para buscar datos de canciones y villancicos de navidad y juegos populares, aplicando de este modo también el Plan de las TICS.
- **Competencia social y ciudadana**, la resolución de conflictos, la coeducación y la educación en valores estarán presentes en todas las unidades didácticas que componen la programación.
- **Competencia cultural y artística**, a través de actividades de expresión y dramatización, de los juegos populares o de las actividades en las que la música está presente, podremos desarrollar esta competencia.
- **Competencia para aprender a aprender**, a través de la metodología aplicada en las unidades didácticas favoreceremos el descubrimiento y el poder transferir lo aprendido en las sesiones de educación física a las actividades del tiempo de ocio, así como a otras actividades de la vida diaria.
- **Autonomía e iniciativa personal**, los hábitos de higiene, muy presentes en la UD "¿Dónde estamos?", así como en ciertos estilos de enseñanza utilizados (enseñanza recíproca) favorecerán la aplicación a las tareas cotidianas, y por lo tanto cierta autonomía, que también es incrementada por el mayor conocimiento del propio cuerpo ("Vayamos por partes", "Respiro y siento")

RELACIÓN CON LOS OBJETIVOS GENERALES DE ETAPA

Todas las áreas deben favorecer el desarrollo de los objetivos generales de Educación Primaria; el área de Educación Física también contribuirá a su consecución. En cada unidad didáctica desarrollada posteriormente se indican los objetivos generales a los que más contribuye. A continuación se enuncian los 14 objetivos generales de etapa:

a) Conocer y apreciar los valores y las normas de convivencia, aprender a obrar de acuerdo con ellas, prepararse para el ejercicio activo de la ciudadanía y respetar los derechos humanos, así como el pluralismo propio de una sociedad democrática. *Todos los alumnos/as serán tratados del mismo modo y deberán respetar tanto las normas de la clase, como de los diferentes juegos que se planteen, fomentando la convivencia en el aula.*

b) Desarrollar hábitos de trabajo individual y de equipo, de esfuerzo y responsabilidad en el estudio así como actitudes de confianza en sí mismo, sentido crítico, iniciativa personal, curiosidad, interés y creatividad en el aprendizaje. *Se realizarán tareas de carácter individual y en grupo, incidiendo en las actitudes enunciadas.*

c) Adquirir habilidades para la prevención y para la resolución pacífica de conflictos, que les permitan desenvolverse con autonomía en el ámbito familiar y doméstico, así como en los grupos sociales con los que se relacionan. *El juego y las tareas utilizadas como metodología favorecerán la resolución de conflictos, así como la relación con los demás.*

d) Conocer, comprender y respetar las diferentes culturas y las diferencias entre las personas, la igualdad de derechos y oportunidades de hombres y mujeres y la no discriminación de personas con discapacidad. *A través de la unidad de juegos populares conoceremos costumbres de otras culturas, además de fomentar la convivencia y el respeto entre individuos con características diferentes a la propia, a lo largo de todas las sesiones.*

e) Conocer y utilizar de manera apropiada la lengua gallega, la lengua castellana y desarrollar hábitos de lectura. *Mediante la comunicación oral entre docente y discente, y entre alumnos/as, se tratará la utilización correcta del lenguaje; además en alguna unidad didáctica acudiremos a la biblioteca para buscar información sobre los temas abordados, por ejemplo en la de "Juego en Navidad"*

f) Adquirir en, al menos, una lengua extranjera la competencia comunicativa básica que les permita expresar y comprender mensajes sencillos y desenvolverse en situaciones cotidianas. *En la unidad dedicada a los juegos cantados y los juegos populares se utilizarán palabras en inglés para nombrar juegos o como parte de las canciones.*

g) Desarrollar las competencias matemáticas básicas e iniciarse en la resolución de problemas que requieran la realización de operaciones elementales de cálculo, conocimientos geométricos y estimaciones, así como ser capaces de aplicarlos a las situaciones de su vida cotidiana. *La utilización de los números en operaciones de cálculo, para realizar agrupaciones, o en las tareas de transporte; también en expresión corporal mediante la formación de figuras geométricas o números.*

h) Conocer y valorar su entorno natural, social y cultural, así como las posibilidades de acción y cuidado del mismo, con especial atención a la singularidad de Galicia. Conocer mujeres y hombres que realizaron aportaciones importantes a la cultura y sociedad gallegas. *La unidad didáctica de juegos populares así como en "Explorando mi entorno"*

i) Iniciarse en la utilización, para el aprendizaje, de las tecnologías de la información y la comunicación, desarrollando un espíritu crítico ante los mensajes que reciben y elaboran. *Acudiremos al aula de informática para buscar información sobre el contenido abordado en alguna unidad didáctica.*

j) Utilizar diferentes representaciones y expresiones artísticas e iniciarse en la construcción de propuestas visuales. *Las unidades didácticas dedicadas a la expresión corporal, ritmos y las dramatizaciones.*

k) Valorar la higiene y la salud, aceptar y aprender a cuidar el propio cuerpo y el de los otros, respetar las diferencias y utilizar la Educación Física y el deporte como medios para favorecer el desarrollo personal y social. *Los alumnos/as deberán conocer y apreciar su cuerpo, adoptando hábitos de salud que contribuyan a una mejor calidad de vida.*

l) Conocer y valorar la flora y fauna, en especial la presente en la comunidad autónoma de Galicia y adoptar modos de comportamiento que favorezcan su cuidado. *Como ya hemos comentado las unidades didácticas de Juegos Populares y de Actividades en entorno natural.*

m) Desarrollar sus capacidades afectivas en todos los ámbitos de la personalidad y en sus relaciones con las demás personas, el valor de la corresponsabilidad en el trabajo doméstico y en el cuidado de otras personas, así como una actitud contraria a la violencia, a los prejuicios de cualquier tipo y a los estereotipos sexistas. *Ya hemos aludido anteriormente al desarrollo por parte del alumnado de estas actitudes positivas.*

RELACIÓN CON LOS OBJETIVOS GENERALES DE ÁREA

El área de Educación Física presenta unos objetivos que se han de conseguir, obligatoriamente, al finalizar el primer ciclo de Educación Primaria (regulados en el Decreto 130/2007, que establece el currículo). En el anexo _ de la programación enunciamos los objetivos generales de área

RELACIÓN CON LOS OBJETIVOS DE CICLO

Aparecen en el Proyecto Educativo de Centro (PEC), según LOE, adapta al contexto en el que se encuentra este centro escolar los objetivos generales de etapa. Así tendremos los siguientes objetivos de 1er ciclo:

1. Conocer y valorar el propio cuerpo y la actividad física como forma de explorar las posibilidades motrices y de relación con los demás.
2. Utilizar las capacidades perceptivo-motrices, habilidades y destrezas para adaptar el movimiento a cada situación.
3. Utilizar los recursos de expresión para comunicar sensaciones, emociones, estados de ánimo e ideas.
4. Regular y dosificar el esfuerzo adaptándolo a las propias posibilidades y a la exigencia de la tarea.

5. Apreciar la importancia de la actividad física para el bienestar, conociendo los efectos de ésta, de la higiene postural y corporal y la alimentación sobre la salud.
6. Participar activamente en las sesiones desarrollando actitudes de resolución de conflictos, cooperación, evitando conductas de discriminación.
7. Conocer y valorar la variedad de actividades físicas, lúdicas y deportivas, identificándolas como elementos culturales.
8. Conocer las distintas posibilidades expresivas corporales y lograr la educación del ritmo en movimiento de forma sencilla.
9. Asociar el juego a la actividad física y relacionarlo con la cultura gallega, así como conocer otras culturas diferentes a la propia.

RELACIÓN CON LOS BLOQUES DE CONTENIDO

Los contenidos están relacionados directamente con los objetivos. En la comunidad autónoma gallega, según el D. 130/2006 de 28 de junio, se establecen cinco bloques de contenidos:

"El cuerpo: imagen y percepción": se desarrollará teniendo en cuenta que en este ciclo se consolidará el esquema corporal, la percepción espacio temporal, el alumnado deberá tomar conciencia de las diferentes partes del cuerpo, de la importancia de cada una de ellas, del mismo modo se relacionará con la tensión, relajación y respiración.

La dominancia lateral se afirmará, iniciándose la ubicación en el espacio de objetos respecto a uno mismo, así como situaciones de equilibrio y desequilibrio.

"Habilidades motrices": en este ciclo los alumnos/as experimentarán las diferentes habilidades motrices básicas, tratando de resolver problemas motores sencillos en las actividades que se planteen, así como el conocimiento de las posibilidades y limitaciones motrices que poseen. El alumnado deberá adaptar los esquemas motores poseídos a las circunstancias planteadas, del mismo modo que elabora nuevos esquemas. Estas habilidades se desarrollarán en el entorno habitual.

"Actividades físicas artístico – expresivas": el descubrimiento y la exploración de las posibilidades del gesto y el movimiento son la base de la expresión corporal en este ciclo. Mediante ellos trabajaremos aspectos de comunicación no verbal, actitudes de desinhibición, además de trabajar la percepción temporal, a través del ritmo y estructuras rítmicas sencillas.

"Actividad física y salud": la adquisición de los hábitos saludables, referidos a higiene postural y corporal y la alimentación, serán enfocados a su transferencia a la vida diaria. El conocimiento de la actividad física, con sus beneficios y sus riesgos, como factor íntimamente relacionado con la calidad de vida y el bienestar. Estos contenidos se presentarán en todas las unidades didácticas de la programación.

"Juegos y deportes": a través del juego podremos desarrollar contenidos presentes en los otros bloques, será un recurso metodológico. Además podremos desarrollar el respeto por las normas y los demás, estrategias de cooperación - oposición y el juego como elemento cultural (juegos populares tradicionales). Los deportes como tales no estarán presentes en este ciclo.

RELACIÓN CON OTRAS ÁREAS (INTERDISCIPLINARIEDAD)

Existirán contenidos que sean tratados por diferentes áreas, por ello es importante que desde el área de Educación Física se fomente la coordinación con otros maestros/as en el momento de plantear dichos contenidos, con el objetivo de darle una mayor coherencia y significación, por lo tanto más global, al aprendizaje de los alumnos/as.

Las áreas que deberán ser impartidas en todos y cada uno de los cursos de Educación Primaria, y por lo tanto a las que se refiere esta programación, son, según el D 130/2006, de 28 de junio, son:

Área de conocimiento del medio natural, social y cultural: algunos aspectos que se desarrollarán en común serán la percepción corporal (localización de las diferentes partes del cuerpo, control postural, etc.), la relación espacio – tiempo (orientación, puntos cardinales, etc.), la exploración y conocimiento de otros medios (unidad didáctica "Explorando mi entorno"), así como los contenidos relacionados con la salud y la calidad de vida (higiene postural y corporal, alimentación, entre otros).

Área de educación artística: compuesta por música y plástica, nos referiremos a la primera mediante la utilización de diferentes canciones en algunas sesiones, la concepción del ritmo y la percepción temporal (estructuras rítmicas sencillas), además de la utilización del cuerpo como fuente de expresión y comunicación, potenciando la estética y la creatividad; en cuanto a plástica, los alumnos/as podrán construir objetos y utensilios que utilizaremos en algunos juegos y sesiones.

Áreas de lengua y literatura gallega, castellana y extranjera: sistemas de comunicación, verbal y no verbal, entre docente y discentes, y entre alumnos/as, además en algunas ocasiones utilizaremos terminología en lengua extranjera, presente en canciones y en el desarrollo de algún juego.

Área de matemáticas: mediante la formación figuras geométricas y números, interpretación de mapas y planos, agrupaciones y operaciones básicas con números y agrupación en el espacio (agrupación – dispersión)

RELACIÓN CON LA EDUCACIÓN EN VALORES

La enseñanza en valores se refiere a aquellos contenidos a los que la sociedad es especialmente sensible. Estos temas son contenidos que no hacen referencia a ningún área en concreto, sino que afectan a todas las áreas y tienen que ser tratados a lo largo de toda la escolaridad; hacen referencia a cuestiones de especial importancia para la vida y para la sociedad en general. La misión de la educación es transmitir conocimientos integrados en una cultura y en una dimensión ética.

En el PEC de nuestro centro, como establece la Ley 2/2006 orgánica de Educación, determinaremos el tratamiento transversal de la educación en valores, de este modo seleccionaremos los contenidos a trabajar, adaptándolos a las características del propio centro, del entorno en el que se encuentra ubicado, así como el grupo de alumnos/as al que va dirigida esta programación didáctica. A través de los Órganos de coordinación docente (D. 374/1996 y O. 22 de julio de 1997) realizaremos el tratamiento de estos contenidos en colaboración y coordinados con el resto de maestros/as.

En relación con lo establecido en el currículo vigente (D.130/2007), las áreas a desarrollar en nuestra Programación Didáctica serán:

- **Educación moral y cívica**, estará presente en todas las unidades didácticas relacionándola a través de las actitudes, mediante el respeto hacia los compañeros/as, y que el alumnado se apoye hacia la consecución de los objetivos, del mismo modo estableceremos unas normas de convivencia anuales que consensuaremos entre alumnos/as y docente a principio de curso.
- **Educación para la paz**, mediante las tareas presentadas y la metodología utilizada promocionaremos la resolución pacífica de conflictos, en tareas de cooperación y oposición, y evitando conductas racistas, en este último caso la UD "Nuestros juegos" incluiremos juegos populares de otras zonas y culturas.
- **Educación para la igualdad de oportunidades entre sexos**, utilizaremos un lenguaje no sexista, evitando los términos exclusivamente masculinos y la reproducción de estereotipos sexistas, así como fomentaremos actitudes de igualdad en las agrupaciones necesarias para la realización de las tareas, y la realización de las mismas tareas para ambos sexos.
- **Educación ambiental**, a través de las UD "Nuestros Juegos" y "Explorando mi entorno" conoceremos el medio físico más próximo y fomentaremos el respeto y normas básicas de su cuidado y preservación.

- **Educación para la salud y calidad de vida**, fundamental dentro de nuestra área, por lo tanto en toda la programación didáctica estará presente, en cuanto al fomento de hábitos de alimentación saludables, higiene postural y corporal, así como concienciación de la importancia del deporte como hábito relacionado con la salud y una mejor calidad de vida.
- **Educación para el tiempo libre**, trataremos de transferir los contenidos abordados a la vida diaria y a la utilización del deporte como aprovechamiento del tiempo de ocio.
- **Educación para el consumidor**, en determinadas sesiones utilizaremos material construido por el propio alumnado, o reciclado, con lo que incidiremos en que los alumnos/as no desarrollen hábitos consumistas.

RELACIÓN CON LOS CRITERIOS DE EVALUACIÓN DEL CICLO

Los criterios de evaluación en los que nos basamos para esta programación, según el currículo actual (Decreto 130/2007, de 28 de junio), son los siguientes:

1. Reaccionar corporalmente ante los estímulos visuales, auditivos y táctiles, dando respuestas motrices adecuadas a las características de estos estímulos.
2. Adoptar diferentes posturas corporales, demostrando conocimiento del cuerpo y manteniendo el equilibrio y el control respecto a la tensión/relajación musculares y a la respiración.
3. Reproducir con los diferentes segmentos corporales o con instrumentos una estructura rítmica sencilla.
4. Desplazarse y saltar coordinadamente, variando la amplitud, la frecuencia, la dirección y el sentido del movimiento además demostrando una adecuada orientación en el espacio.
5. Realizar lanzamientos, recepciones y otras habilidades que impliquen el manejo de objetos, coordinando los segmentos corporales y situando el cuerpo adecuadamente.
6. Simbolizar personajes, objetos y situaciones utilizando el cuerpo y materiales variados, demostrando desinhibición y además respetando y valorando las ejecuciones ajenas.
7. Demostrar interés por la adquisición de hábitos adecuados de alimentación, de higiene corporal, postural y de seguridad en la práctica de actividad física.
8. Participar y gozar de los juegos, ajustando la propia actuación a las características de la actividad y experimentando relaciones positivas con las otras personas participantes.

9. Conocer y practicar juegos populares tradicionales gallegos, interesándose por su búsqueda y valorando su importancia.

6. TEMPORALIZACIÓN

Desarrollaremos la secuenciación de las unidades didácticas de esta unidad didáctica, teniendo en cuenta la O. del 9 de abril de 2007, por la que se aprueba el calendario escolar para el curso 2007/2008, en total serán 73 sesiones, distribuidas, como se indica por ley para el área de Educación Física, en dos semanales.

	OBJETIVOS DE CICLO									***BLOQUE DE CONTENIDOS***					***CRITERIOS DE EVALUACIÓN***								
U.D.	***1***	***2***	***3***	***4***	***5***	***6***	***7***	***8***	***9***	***1***	***2***	***3***	***4***	***5***	***1***	***2***	***3***	***4***	***5***	***6***	***7***	***8***	***9***
1	X			X	X	X				X		X		X		X		X			X	X	
2	X	X	X		X	X				X		X		X	X	X			X		X	X	
3	X			X	X	X				X		X		X	X	X					X	X	
4	X	X		X	X	X				X		X		X	X	X					X	X	
5	X	X	X		X	X				X		X		X	X	X			X		X	X	
6			X		X	X		X					X	X			X			X	X	X	
7	X	X			X	X				X				X	X	X	X	X			X	X	
8	X	X			X	X				X				X	X	X		X			X	X	
9	X	X			X	X					X	X		X		X		X			X	X	
10	X	X			X	X					X	X		X		X		X			X	X	
11	X	X			X	X					X			X		X			X		X	X	
12	X		X		X	X		X		X			X	X		X	X			X	X	X	
13					X	X	X							X							X	X	X
14				X	X	X								X							X	X	
15	X			X	X	X	X		X			X		X	X			X			X	X	

	NOMBRE	SESIONES	APLICACIÓN	CONTENIDOS
1er Trimestre	¿Dónde estamos?	4	Septiembre	Conocimiento y exploración del entorno, hábitos de higiene
	Vayamos por partes	5	Sept. / octubre	Esquema corporal
	Respiro y siento	5	Octubre	Actitud corporal, relajación y respiración
	Al filo de lo imposible	5	Noviembre	Equilibrio
	Acércate a mi lado	5	Nov. / Dic.	Lateralidad
	Juego en Navidad	5	Diciembre	Ritmos y juegos cantados
2º trimestre	Aquí y ahora	5	Enero	Percepción espacio – temporal
	Coordinación	5	Enero / febrero	Coordinación dinámica general
	¡A moverse!	5	Febrero	Desplazamientos
	Como saltimbanquis	5	Marzo	Saltos y giros
3er trimestre	Manipulamos el material	5	Marzo / abril	Lanzamientos y recepciones
	Me expreso contigo	5	Abril	Expresión corporal, dramatizaciones
	Nuestros juegos	5	Abril / mayo	Juegos populares
	¡Juguemos juntos!	5	Mayo / junio	Juegos cooperativos
	Explorando mi entorno	4	Junio	Actividades en el entorno natural

En los cuadros representados se indican las unidades didácticas a desarrollar, con un nombre que pretende ser significativo, el número de sesiones previsto, el mes previsto de aplicación y los contenidos sobre los que va a incidir; además relacionamos estas unidades didácticas con los objetivos de ciclo, los bloques de contenidos y los criterios de evaluación.

La mayoría de estas unidades didácticas están compuestas de 5 sesiones cada una. Durante el primer trimestre se llevarán a cabo seis unidades didácticas, al tener una duración mayor que los otros periodos, resultando un total de 29 sesiones; las cuatro unidades siguientes se desarrollarán durante el segundo trimestre, el más corto de la programación (20 sesiones), para finalizar en el tercer trimestre llevaremos a cabo cinco unidades didácticas (24 sesiones)

La secuenciación de las unidades didácticas se realiza en base a una progresión lógica:

1ª UNIDAD: ¿Dónde estamos?

En esta primera unidad reconoceremos el entorno próximo en el que nos encontramos, las instalaciones deportivas en las que desarrollaremos las clases de E.F., el aula de informática, la biblioteca, y los recorridos a realizar para acceder a cada una de ellas; al mismo tiempo trataremos las normas básicas, los hábitos de higiene y salud corporal como cuidado del propio cuerpo y a modo de introducción de la siguiente unidad dedicada al esquema corporal.

2ª UNIDAD: Vayamos por partes

En esta unidad los alumnos/as conocerán su propio cuerpo y las distintas partes que lo componen, así como las posibilidades y limitaciones que ofrece éste, además de su implicación en el movimiento y las funciones que desempeñan cada una de esas partes.

3ª UNIDAD: Respiro y siento

En esta unidad completaremos el trabajo del esquema corporal con otros aspectos que también inciden en el conocimiento y toma de conciencia del propio cuerpo como son la respiración, la relajación y la actitud corporal.

4ª UNIDAD: Al filo de lo imposible

Ubicamos esta unidad a continuación de todo el trabajo de esquema corporal porque consideramos que el equilibrio está estrechamente ligado a la conciencia del propio cuerpo, tal y como concretan algunos autores como Muska Mosston, al control del tono muscular, por lo tanto directamente relacionado y encadenado con las unidades anteriores.

5ª UNIDAD: Ven a mi lado

La unidad dedicada a la lateralidad la desarrollaremos en este momento por su gran relación con el esquema corporal, en cuanto a simetría y a diferenciación de izquierda y derecha, además podremos relacionarla con las unidades anteriores en lo referente al control de la respiración y del tono muscular, así como experimentación de situaciones de equilibrio, tanto estático como dinámico y también con las posteriores de percepción espacio temporal, ya que siguiendo a Castañer y Camerino, la lateralidad es la resultante de la corporalidad y la espacialidad.

6ª UNIDAD: Juego en Navidad

La última unidad del primer trimestre y cuyo final coincide con el principio del periodo navideño; por lo que, y coincidiendo con el Festival de Navidad que se celebra en el colegio y en el que participan todas las alumnas/os, dedicamos esta unidad a los ritmos y los juegos cantados a fin de poder preparar una actuación en el mencionado acto. Además de abordar contenidos referentes a adecuación de ritmos a secuencias y ritmos sencillos, también favoreceremos la interrelación y expresión.

7ª UNIDAD: Aquí y ahora

La percepción espacio – temporal consideramos que está especialmente relacionada con el trabajo del esquema corporal abordado hasta este momento (percepción de uno mismo o somatognosia), pasando al otro gran apartado que será la exterognosia o percepción del entorno, además continuamos con la secuenciación de movimientos en función del ritmo.

8ª UNIDAD: Coordinación

Siguiendo a Castañer y Camerino las capacidades perceptivo – motrices dan lugar a la coordinación, que a su vez tiene gran importancia para el posterior desarrollo y afianzamiento de las habilidades perceptivo – motrices, eficiencia de de las capacidades físicas y adquisición de las habilidades motrices; un trabajo que propicie un mayor bagaje motor. Por esta relación con las habilidades motrices y con la percepción espacio – temporal situamos esta unidad didáctica tras las unidades dedicadas a ésta última y antes de abordar las que atienden a las habilidades motrices básicas.

9ª - 10ª - 11ª UNIDAD: Habilidades motrices básicas

Siguiendo la clasificación de Sánchez Bañuelos de Habilidades motrices básicas, dedicaremos una unidad didáctica dedicada únicamente a los desplazamientos, con los que comenzaremos a desarrollar las habilidades motrices básicas, relacionadas con el propio cuerpo y posteriormente con los objetos. Consideramos que es el momento idóneo para que el alumnado comience a conocer y ejecutar las diferentes posibilidades de movimiento. A continuación desarrollaremos la dedicada a los saltos y giros, terminando el bloque de habilidades con el cuerpo y el trimestre. Comenzaremos el último trimestre con los lanzamientos y recepciones, finalizando el bloque de unidades dedicadas a las habilidades motrices básicas.

12ª UNIDAD: Me expreso contigo

En este último bloque de unidades el juego tendrá una gran importancia, comenzando por esta unidad en la que a través de dramatizaciones, juegos de expresión y dramáticos intentaremos desarrollar la creatividad de los alumnos/as.

13ª UNIDAD: Nuestros juegos

Situada a continuación de los juegos más creativos, abordamos los juegos populares, autóctonos y tradicionales permitirán conocer los juegos que nuestros padres/madres, abuelas/abuelos,... practicaban cuando eran niñas/os, así como conocer juegos de otros lugares y que tienen gran tradición, fomentando la relación intergeneracional y un mayor conocimiento de la cultura propia.

14ª UNIDAD: Juguemos juntos

A través del juego fomentaremos valores como la cooperación, el respeto, el compañerismo, entre otros, considerando que es mediante el juego uno de los mejores modos de desarrollarlos en estas edades.

15ª UNIDAD: Explorando mi entorno

A final de curso y coincidiendo con la llegada de una estación más calurosa aprovecharemos para que las alumnas/os conozcan e interaccionen con el medio natural, su entorno más próximo, además de iniciar la adaptación de las habilidades en un entorno diferente al habitual, contenido que se desarrollará en profundidad en el 2º ciclo.

7. DESARROLLO DE LAS UNIDADES DIDÁCTICAS

UNIDAD DIDÁCTICA 1: ¿Dónde estamos?

1. <u>Introducción:</u>

Partiendo de la base de que es fundamental el desarrollo de hábitos de salud que se puedan transferir a la vida cotidiana presentamos esta unidad didáctica dedicada al desarrollo de hábitos de salud corporal y postural encaminados a lograr su autonomía en el cuidado de su propio cuerpo.

Los contenidos de esta unidad se trabajarán a lo largo de toda la etapa, aunque he considerado conveniente incidir en los aspectos más básicos.

2. <u>Relación con el curriculum:</u>

Con objetivos de etapa: se relaciona directamente con los objetivos d, e y k.

Con objetivos de área: se relaciona directamente con los objetivos 1, 2 y 6.

Con bloques de contenidos: se relaciona con el bloque 4º: "Salud corporal" e indirectamente con los demas, especialmente con el 5º: "Los juegos".

Con otras áreas: tiene una especial vinculación con Conocimiento del medio, Matemáticas y Lengua.

Con temas transversales: se vincula con educación para la salud y con la igualdad de oportunidades para ambos sexos.

3. Objetivos didácticos:

- Adquirir hábitos de higiene postural y corporal transferibles a su vida diaria.
- Desarrollar habilidades que favorezcan su autonomía.
- Conocer diferentes hábitos y actividades adecuadas para la salud.
- Valorar las ventajas que aporta cuidarse.

4. Contenidos:

Contenidos conceptuales

- Descubrimiento de hábitos saludables para su bienestar y autonomía.

Contenidos procedimentales

- Utilización de los hábitos, aprendidos por medio de juegos, fuera del contexto escolar.
- Experimentación y exploración de diferentes tareas que potencien su autonomía.

Contenidos actitudinales

- Interés por adquirir competencias sobre sí mismo.

5. Temporalización:

Nº sesión	Aspectos a tratar
1	Evaluación inicial: Determinamos conocimientos previos.
2	Hábitos de alimentación.
3	Hábitos posturales.
4	Higiene corporal y aseo.
5	Evaluación final.

6. Metodología:

Utilizaremos **juegos,** ya que se consideran recursos metodológicos adecuados para lograr los objetivos propuestos.

7. Evaluación:

Lista de control	SI	NO
Utiliza la vestimenta adecuada al tipo de actividad a realizar.		
Reconoce los alimentos básicos para una buena alimentación.		
Adopta posturas correctas en la realización de actividad física.		
Mantiene los hábitos higiénicos básicos después del ejercicio físico.		
Diferencia entre hábitos saludables y los que no lo son en relación a la actividad física.		

Criterios de evaluación:

- Ser capaz de señalar algunos beneficios que reporta la actividad física.
- Adoptar poturas correctas en la realización de las actividades propuestas.
- Demostrar una higiene adecuada después de las clases de Educación Física (cambiarse los calcetines, la camiseta...)
- Diferenciar los alimentos que son adecuados para una buena dieta de los que no lo son: frutas y verduras frente a golosinas...

UNIDAD DIDÁCTICA 2: "VAYAMOS POR PARTES"

1. INTRODUCCIÓN

A través del trabajo realizado en esta unidad fundamentaremos el desarrollo de las siguientes sesiones, como será el control tónico y postural, la actitud, la respiración y la relajación. Del mismo modo, en este primer ciclo el cuerpo y su conocimiento poseen una gran importancia, por ser base de posteriores aprendizajes; de este modo buscaremos que nuestros alumnos/as tomen conciencia de su cuerpo y de las diferentes partes que lo componen; así como experimentar y adaptar diferentes movimientos y posturas corporales a las situaciones planteadas, conociendo las limitaciones que ofrece nuestra propia realidad corporal

2. RELACIÓN CON EL CURRÍCULO

2.1. COMPETENCIAS BÁSICAS

- "Conocimiento e interacción con el mundo físico"
- "Aprender a aprender"
- "Autonomía e iniciativa personal"

2.2. OBJETIVOS DE ETAPA: Se relaciona directamente con los objetivos b), k) y m)

2.3. OBJETIVOS DE ÁREA Y CICLO: Se relaciona con los objetivos 1, 2 4, 5 y 6

2.4. BLOQUES DE CONTENIDOS: "El cuerpo: imagen y percepción" y "Juegos y deportes"

2.5. OTRAS ÁREAS: Lengua, Matemáticas y Conocimiento de medio natural, social y cultural

2.6. EDUCACIÓN EN VALORES: Educación para la salud, Educación cívica y moral, educación para la paz y con la igualdad de oportunidades para ambos sexos.

3. OBJETIVOS

- Nombrar partes del cuerpo
- Localizar las partes del cuerpo en sí mismo y en los demás
- Tomar conciencia de las distintas posiciones corporales
- Concienciar de la importancia de la vestimenta y el calzado adecuado para la práctica de actividad física
- Participar activamente en las tareas propuestas

4. CONTENIDOS

- Las partes del cuerpo. Conocimiento, identificación, uso y representación
- Realización tareas de representación gráfica de las partes del cuerpo y los diferentes segmentos corporales
- Realización de juegos motrices
- Aceptación de su propia realidad corporal
- Concienciación de la importancia de la vestimenta y el calzado adecuado para la práctica de actividad física

5. ACTIVIDADES – TEMPORALIZACIÓN

La siguiente tabla representa los contenidos a trabajar en cada sesión:

SESIÓN	CONTENIDOS	MATERIAL
1	Evaluación inicial: determinamos los conocimientos previos	Pelotas, aros colchonetas, equipo de música, tizas de diferente color, conos, sacos de arena, discos, picas.
2	Reconocimiento de las diferentes partes del cuerpo	
3	Experimentación de movimientos globales y segmentarios	
4	El control postural en diferentes situaciones	
5	Evaluación final	

6. METODOLOGÍA: resolución de problemas y juego
7. EVALUACIÓN

ESCALA DE VALORACIÓN					
	1	2	3	4	5
1. Conoce y señala las diferentes partes del cuerpo					
2. Realiza movimientos globales adecuados					
3. Realiza movimientos segmentarios adecuados					
4. Participa activamente en las actividades propuestas					
5. Adapta sus movimientos a la situación propuesta					

Los criterios de evaluación son:

- Conocer y nombrar las diferentes partes del cuerpo
- Adoptar y realizar movimientos adecuados globales y segmentarios
- Participar en cualquier tipo de actividad física de forma lúdica
- Identificar las diferentes posiciones que podemos adoptar con nuestro cuerpo

UNIDAD DIDÁCTICA 3: Respiro y siento

1. Introducción:

El esquema corporal, además del conocimiento del propio cuerpo ya trabajado en una unidad anterior, se compone de diferentes aspectos, los cuales se trabajaran en esta unidad didáctica: relajación, respiración y actitud corporal. Como se dijo, el trabajo del esquema corporal es muy importante en estas edades, por ello se le dedica una unidad exclusivamente a estos componentes.

2. Relación con el currículo

Con objetivos de etapa: se relaciona directamente con el objetivo K.

Con objetivos de área: se relaciona con los objetivos 1, 3, 4, 5 y 6.

Con bloques de contenidos: se relaciona con "El cuerpo: imagen y percepción", e indirectamente con los demas, especialmente con el 5º: "Los juegos".

Con otras áreas: tiene una especial vinculación con Conocimiento del medio.

Con temas transversales: se vincula con educación para la salud y con la igualdad de oportunidades para ambos sexos.

3. Objetivos didácticos:

- Conocer las fases de la respiración y la importancia de la misma en la realización de las actividades cotidianas.
- Descubrir las posibilidades que ofrece nuestro cuerpo, en cuanto a movimiento y relajación.
- Experimentar sensaciones variadas en las diferentes partes del cuerpo.
- Adoptar posturas corporales básicas en el desarrollo de la actividad motriz.
- Sentir satisfación al dominar el propio cuerpo.
- Aceptar las posibilidades y limitaciones propias y ajenas.

4. Contenidos:

Contenidos conceptuales

- Identificación de las fases de la respiración (inspiración-espiración).
- Reconocimiento de las posibilidades de movilidad corporal.
- Diferenciación entre estados de relajación y tensión.

Contenidos procedimentales

- Experimentación de diferentes posiciones y posturas con el cuerpo.
- Vivenciación, a través de diferentes juegos y actividades, de las fases de la respiración y de diferentes estadios corporales (tensión-relajación).

Contenidos actitudinales

- Actitud de respeto hacia el propio cuerpo y el de los demás.
- Valoración de sus propias posibilidades y limitaciones corporales.

5. Temporalización:

Nº sesión	***Aspectos que trata.***
1	Evaluación inicial
2	Desarrollo de la actitud (Experimentación de distintas posiciones)
3	Trabajo de respiración
4	Introducción en la relajación
5	Evaluación final

6. Metodología:

La Unidad Didáctica se llevará a cabo a través de la realización de diversos **juegos**.

7. Evaluación:

ESCALA DE OBSERVACIÓN	**NUNCA**	**POCAS VECES**	**CASI SIEMPRE**	**SIEMPRE**
Reconoce las diferentes fases de la respiración.				
Es capaz de adoptar posiciones diversas.				
Realiza desplazamientos poco habituales				
Se relaja y contrae de forma adecuada.				
Es capaz de expulsar suficiente aire en cada insuflación.				
Valora y acepta sus propias posibilidades y limitaciones.				

Criterios de evaluación:

- Valorar la importancia de la relajación.
- Identificar las distintas posiciones que podemos adoptar con nuestro cuerpo (sentado, agachado, cuclillas ...).

Ser capaz de inspirar y espirar adecuadamente en los juegos propuestos.

UNIDAD DIDÁCTICA 4: Al filo de lo imposible

1. Introducción.

Sabemos que la cantidad de experiencias que se obtengan es determinante en el desarrollo del equilibrio. Siendo la etapa de los aprendizajes escolares fundamental.

2. Relación con el currículo

Con objetivos de etapa: se relaciona con los objetivos c, d, e y k.

Con objetivos de área: se relaciona con los objetivos 3, 4,5 y 6.

Con bloques de contenidos: se relaciona con "El cuerpo: habilidades y destrezas", e indirectamente con los demás, especialmente el 5º "Los juegos".

Con temas transversales: se vincula con educación para la salud, cívica y moral, y con la igualdad de oportunidades para ambos sexos.

Con otras áreas: Conocimiento del medio, matemáticas y Lengua.

3. Objetivos didácticos.

- Mantener el equilibrio corporal y con objetos en las actividades que lo requieran.
- Experimentar diferentes situaciones que exijan un cierto grado de equilibrio.
- Valorar nuestra propia ejecución y la de los demás.
- Conocer diferentes posiciones equilibrantes.

4. Contenidos.

Contenidos conceptuales.

- Reconocimiento de situaciones donde resulta más difícil mantener el equilibrio.

Contenidos procedimentales.

- Vivenciación de diferentes niveles de equilibración.
- Experimentación de distintos juegos en los que intervenga el equilibrio.

Contenidos actitudinales.

- Valoración de nuestras posibilidades y limitaciones.

5. Temporalización.

Nº Sesión	Aspectos a tratar
1	Evaluación inicial.
2	Equilibrio corporal (estático y dinámico).
3	Juegos de equilibrio corporal utilizando diferentes materiales: cuerdas, periódicos, espalderas...
4	Equilibrio con objetos.
5	Evaluación final.

6. Metodología.

Utilizamos **juegos** por considerarlos recursos metodológicos adecuados.

7. Evaluación.

Lista de control	*SI*	NO
Es capaz de mantener el equilibrio en las diferentes situaciones propuestas.		
Adopta posiciones en las que los requerimientos de equilibrio sean mayores (pata coja, cuclillas, ...).		
Es capaz de mantener un objeto en equilibrio, tanto en reposo como en movimiento, en situaciones conocidas.		
Se desplaza de diferentes formas manteniendo el equilibrio.		
Muestra interés por la actividad.		

Criterios de evaluación:

- Realizar movimientos en los que se comprometa el equilibrio.
- Adoptar posiciones equilibrantes.
- Ser capaz de mantener un objeto en equilibrio.
- Valorar el esfuerzo personal.

UNIDAD DIDÁCTICA 5: Acércate a mi lado

1. Introducción:

Los alumnos/as de este nivel se encuentran, por lo general, en la fase de desarrollo de la lateralidad que es cuando ésta se estabiliza, adquiriendo las nociones de izquierda/derecha en su propio cuerpo, por lo que se hace necesario el desarrollo de esta unidad para ayudarles a afianzar su lateralidad.

2. Relación con el currículo

Con objetivos de etapa: se relaciona directamente con los objetivos a y j.

Con objetivos de área: se relaciona directamente con los objetivos 1 y el 4.

Con bloques de contenidos: se relaciona con "El cuerpo: imagen y percepción", e indirectamente con los demás, especialmente con el 5º: "Los juegos".

Con otras áreas: tiene una especial vinculación con Matemáticas y con Lengua.

Con temas transversales: se vincula con educación para la salud, educación cívica y moral, educación vial, y con la igualdad de oportunidades para ambos sexos.

3. Objetivos didácticos:

- Experimentar en las tareas propuestas con que segmento corporal es más hábil.
- Afirmar su lateralidad.
- Identificar su segmento dominante en las actividades que realice.
- Reconocer la derecha y la izquierda en su propio cuerpo y en los demás.
- Valorar la importancia de conocer su lado dominante en su quehacer diario.

4. Contenidos:

Contenidos conceptuales

- Conocimiento de su lateralidad innata y de utilización.
- Identificación de su derecha e izquierda y la de los demás.

Contenidos procedimentales

- Practica de juegos y tareas que pongan de manifiesto su dominancia lateral.
- Afirmación de la lateralidad corporal propia.

Contenidos actitudinales

- Actitud de interés hacia el conocimiento de su propio cuerpo.

5. Temporalización:

Nº sesión	*Aspectos a tratar*
1	Evaluación inicial.
2	Tareas para descubrir su lateralidad innata.
3	Tareas para descubrir su lateralidad de utilización.
4	Afirmación de su lateralidad.
5	Evaluación final.

6. Metodología:

   Utilizamos la **resolución de problemas** y **juegos**.

7. Evaluación.

Lista de control	***SI***	**NO**
Manifiesta una actitud de respeto hacia los compañeros.		
Valora el propio cuerpo y su riqueza de movimientos.		
Reconoce la derecha y la izquierda en sí mismo y en los demás.		
Es capaz de reconocer su lado dominante en las tareas propuestas.		

Criterios de evaluación:

- Diferenciar las distintas partes del cuerpo en sí mismo y en los demás.
- Distinguir su lado dominante.
- Ser capaz de situar un objeto en relación a su derecha e izquierda.

UNIDAD DIDÁCTICA 6: Juego en Navidad

1. Introducción:

Esta unidad didáctica está dedicada a trabajar los ritmos y los juegos cantados. En el curriculo de Educación Física nos encontramos, para el primer ciclo, con contenidos que tratan sobre la adecuación de movimientos a secuencias y ritmos sencillos.

El mayor ploblema que nos solemos encontrar es que muchos alumnos/as se muestran reacios porque les da vergüenza. Por eso la iniciación de estos contenidos debe hacerse con juegos de desinhibición.

2. Relación con el currículo

Con objetivos de etapa: se relaciona directamente con los objetivos b, e y g.

Con objetivos de área: se relaciona directamente con los objetivos 3, 6 y 8.

Con bloques de contenidos: se relaciona con "El cuerpo: imagen y percepción", "El cuerpo: expresión y comunicación", e indirectamente con los demas, especialmente con el 5º: "Los juegos".

Con otras áreas: tiene una especial vinculación con Conocimiento del medio, Matemáticas y Lengua.

Con temas transversales: se vincula con educación para la salud y con la igualdad de oportunidades para ambos sexos.

3. Objetivos didácticos:

- Conocer los diferentes juegos cantados que se presentan y hacer que los aplique en su tiempo libre.
- Distinguir diferentes ritmos en las canciones propuestas.
- Experimentar diferentes juegos cantados evitando actitudes sexistas.
- Adecuar nuestros movimientos a secuencias y ritmos sencillos.
- Mostrar interés y lograr la desinhibición en los juegos presentados.

4. Contenidos:

Contenidos conceptuales

- Conocimiento de diferentes juegos cantados.
- Reconocimiento de los diferentes ritmos de las canciones.

Contenidos procedimentales

- Adecuación a estructuras rítmicas determinadas por las canciones de los juegos cantados.
- Utilización del propio ritmo corporal para adaptarse a una música determinada.
- Experimentación de movimientos libres y espontáneos que nos sugieran los diferentes ritmos.

Contenidos actitudinales

- Actitud de respeto y aprobación de las respuestas de los demás.
- Actitud de superación del miedo al ridículo.

5. Temporalización:

Nº sesión	***Aspectos a tratar***
1	Diagnóstico inicial
2	Juegos de desinhibición.
3	Juegos cantados.
4	Juegos de ritmo.
5	Evaluación final

6. Metodología:

Utilizamos **juegos** por considerarlos unos medios adecuados para alcanzar los objetivos.

7. Evaluación:

Lista de control	SI	NO
Muestra interes por participar en los diferentes juegos cantados.		
Logra desinhibirse para participar activamente en los diferentes juegos.		
Adecua sus movimientos a los diferentes ritmos presentados.		
Logra ser espontaneo/a y creativo/a en las actividades rítmicas.		
Acompaña las canciones con movimientos correctamente.		

Criterios de evaluación:

- Mostrar interés, espontaneidad y creatividad en las diferentes actividades rítmicas.
- Lograr la desinhibición en los diferentes juegos.
- Evitar actitudes sexistas en la realización de las actividades rítmicas.
- Acompañar las canciones con movimientos libres y espontáneos.

UNIDAD DIDÁCTICA 7: "POR AQUÍ Y POR ALLÁ"

1. INTRODUCCIÓN

El desarrollo de una buena percepción espacial es fundamental para el aprendizaje de posteriores aprendizajes, tal y como nos señalan Castañer y Camerino en su gráfico referido las capacidades perceptivo – motrices, donde lateralidad, organización espacio – temporal y coordinación y equilibrio, de desarrollarán teniendo en cuenta la espacialidad. En esta unidad didáctica lograremos que los alumnos/as sean capaces de orientarse en el espacio, apreciando distancias y sentido de los propios desplazamientos.

2. RELACIÓN CON EL CURRÍCULO

2.1. COMPETENCIAS BÁSICAS

- "Matemática"
- "Conocimiento e interacción con el mundo físico"
- "Aprender a aprender"

2.2. OBJETIVOS DE ETAPA: se relaciona con los objetivos b), k) y m)

2.3. OBJETIVOS DE ÁREA Y CICLO: se relaciona con los objetivos 1, 2, 5 y 6

2.4. BLOQUES DE CONTENIDOS: "El cuerpo: imagen y percepción", "Las habilidades motrices" y "Juegos y deportes"

2.5. OTRAS ÁREAS: Lengua, Matemáticas y Conocimiento de medio natural, social y cultural

2.6. EDUCACIÓN EN VALORES: Educación para la salud, Educación cívica y moral y con la Igualdad de oportunidades para ambos sexos

3. OBJETIVOS

- Realizar localizaciones espaciales, basándose en nociones topológicas básicas
- Apreciar trayectorias adelante/atrás y arriba/abajo
- Adquirir nociones de dispersión y agrupación, proximidad y lejanía, junto y separado
- Proyectar la lateralidad en el espacio: derecha e izquierda
- Participar activamente en las tareas propuestas

4. CONTENIDOS

- Nociones topológicas básicas y distancias: delante/atrás, encima/debajo, dentro/fuera, agrupación/dispersión, cerca/lejos
- Realización de juegos y tareas que impliquen el uso de trayectorias, distancias y nociones topológicas
- Utilización de la lateralidad en el espacio
- Habilidades motrices básicas: los lanzamientos
- Participación activa en las sesiones

5. ACTIVIDADES – TEMPORALIZACIÓN

SESIÓN	CONTENIDOS	MATERIAL
1	Evaluación inicial: ¿Cómo utilizamos el espacio?	5 colchonetas, 10 conos, 20 cuerdas, 3 vallas, 20 botellas lastradas, 10 pañuelos, 5 tizas de diferente color, 20 aros, 5 pelotas, 5 picas, 20 hojas de papel de periódico, 1 caja
2	Orientación ¿Dónde estamos?	
3	Apreciación de distancias, punterías y trayectorias	
4	Ocupación	
5	Evaluación final: lo que aprendimos	

6. METODOLOGÍA: Asignación de tareas, resolución de problemas y juego

7. EVALUACIÓN

ESCALA DE VALORACIÓN					
	1	2	3	4	5
6. Distingue las nociones topológicas básicas					
7. Se orienta correctamente en el espacio, utilizando las nociones topológicas básicas					
8. Se sitúa respecto a compañeros/as y objetos a las distancias señaladas					
9. Ocupa el espacio racionalmente, aplicando conceptos como agrupación/dispersión, cerca/lejos					
10. Participa activamente en la realización de las tareas					

Los criterios de evaluación son:

- Distinguir las nociones topológicas básicas trabajadas
- Es capaz de orientarse en el espacio
- Reconocer las distancias en relación a compañeros/as y objetos
- Ocupar el espacio racionalmente mayor o menor
- Participar activamente en las sesiones

UNIDAD DIDÁCTICA 8: Aquí y ahora

1. Introducción:

En el primer ciclo es de vital importancia trabajar aspectos relacionados con el conocimiento de cuerpo. Pero dicho conocimiento no se produce de manera aislada, sino que todos nuestros movimientos tenemos que ubicarlos en un tiempo y en un espacio determinado. De ahí la importancia de esta unidad didáctica.

2. Relación con el currículo

Con objetivos de etapa: se relaciona directamente con los objetivos c, d y e.

Con objetivos de área: se relaciona directamente con los objetivos 4, 5 y 6.

Con bloques de contenidos: se relaciona con "El cuerpo: imagen y percepción", e indirectamente con los demas, especialmente con el 5º: "Los juegos".

Con otras áreas: Conocimiento del medio, Matemáticas y Lengua.

Con temas transversales: se vincula con educación para la salud, educación cívica y moral, y con la igualdad de oportunidades para ambos sexos.

3. Objetivos didácticos:

- Desarrollar la percepción y estructuración del espacio en relación con el tiempo.
- Sentir satisfacción al dominar el propio cuerpo en un espacio y en un tiempo determinado.
- Conocer conceptos espaciales y temporales básicos.
- Fomentar relaciones y la cooperación entre alumnos en los distintos juegos.

4. Contenidos:

Contenidos conceptuales:

- Diferenciación de conceptos topológicos y temporales básicos.

Contenidos procedimentales:

- Práctica de juegos que desarrollen conceptos espaciales y temporales básicos.
- Adecuación de nuestros movimientos a los requerimientos espacio-temporales de cada actividad.

Contenidos actitudinales:

- Valoración de nuestras propias ejecuciones y la de los demás.

5. Temporalización:

Nº sesión	***Aspectos a tratar***
1	Evaluación inicial
2	Relaciones topológicas básicas.
3	Conceptos temporales básicos.
4	Relaciones espacio-temporales.
5	Evaluación final.

6. Metodología:

Utilizaremos **juegos** por ser un medio adecuado para conseguir los objetivos.

7. Evaluación:

Lista de control	**SI**	**NO**
Manifiesta una actitud de respeto hacia los compañeros.		
Puede desplazarse por el espacio siguiendo un ritmo.		
Es capaz de ajustar sus movimientos a las condiciones espacio-temporales presentes en cada juego.		
Establece relaciones espaciales simples: arriba-abajo, delante-detrás...		

Criterios de evaluación:

- Orientarse en el espacio, con relación a uno mismo, utilizando las nociones topológicas básicas.
- Seguir un determinado ritmo en los desplazamientos.
   1. Adaptar los movimientos a las condiciones espacio-temporales de cada situación.

UNIDAD DIDÁCTICA 9: Coordinación

1. Introducción:

En el primer ciclo adquiere gran importancia el conocimiento de diferentes movimientos corporales. Existen infinidad de acciones cotidianas que exigen un cierto grado de coordinación: saltar, correr, caminar,...

Por esta razón es importante comenzar en el primer ciclo con un trabajo de coordinación basado en multitud de experiencias motrices.

2. Relación con el currículo

Con objetivos de etapa: se relaciona directamente con los objetivos d, e y k.

Con objetivos de área: se relaciona directamente con los objetivos 1,4, 5 y 6.

Con bloques de contenidos: se relaciona con "El cuerpo: imagen y percepción", e indirectamente con los demas, especialmente con el 5º: "Los juegos".

Con otras áreas: tiene una especial vinculación con Conocimiento del medio, Matemáticas y Lengua.

Con temas transversales: se vincula con educación para la salud, educación cívica y moral, educación para la paz, y con la igualdad de oportunidades para ambos sexos.

3. Objetivos didácticos:

- Distinguir movimientos coordinados de los que no lo son.
- Realizar actividades que exijan un cierto grado de coordinación.
- Experimentar diferentes niveles de coordinación corporal en los distintos juegos.
- Sentir satisfacción al dominar el propio cuerpo.

4. Contenidos:

Contenidos conceptuales

- Conocimiento de situaciones que exigen un mayor grado de coordinación.

Contenidos procedimentales

- Vivenciación de diferentes niveles de coordinación corporal.
- Experimentación de diferentes juegos que mejoren la coordinación global.

Contenidos actitudinales

- Valoración de nuestras posibilidades y limitaciones.

5. Temporalización:

Nº sesión	***Aspectos a tratar***
1	Evaluación inicial.
2	Desarrollo de la coordinación a través de diferentes desplazamientos.
3	Desarrollo de la coordinación a través de diferentes saltos y giros.
4	Juegos con diferentes materiales complementarios.
5	Evaluación final.

6. Metodología:

Utilizamos **juegos** por considerarlos recursos metodológicos adecuados.

8. Evaluación.

Lista de control	***SI***	**NO**
Adapta sus movimientos según los requerimientos de cada juego.		
Realiza todos los desplazamientos, saltos y giros propuestos en los juegos de forma coordinada.		
Participa activamente en los juegos propuestos.		
Es capaz de realizar movimientos que exijan un cierto grado de coordinación.		

Criterios de evaluación:

- Adecuar sus respuestas motoras a las condiciones de cada juego.
- Realizar diferentes movimientos de forma coordinada.
  1. Valorar el esfuerzo personal.

UNIDAD DIDÁCTICA 10: ¡A moverse!

1. Introducción:

Sabemos que en el primer ciclo adquiere gran importancia la capacidad de conocer el propio cuerpo. Es por eso que le dedicamos una unidad didáctica a que nuestros alumnos conozcan y experimenten las diferentes posibilidades y limitaciones que ofrece nuestro cuerpo. Los alumnos deben de ir tomando así conciencia de las distintas partes del cuerpo implicadas en cada movimiento y de la importancia que tiene cada una de ellas.

2. Relación con el curriculum

Con objetivos de etapa: se relaciona directamente con los objetivos d, k y g.

Con objetivos de área: se relaciona con los objetivos 1, 3, 5 y 6.

Con bloques de contenidos: se relaciona con "El cuerpo: imagen y percepción", e indirectamente con los demas, especialmente con el 5º: "Los juegos".

Con otras áreas: tiene una especial vinculación con Conocimiento del medio, Matemáticas y Lengua.

Con temas transversales: se vincula con educación para la salud, educación cívica y moral, educación para la paz, y con la igualdad de oportunidades para ambos sexos.

3. Objetivos didácticos:

- Conocer e identificar las diferentes partes del cuerpo en nuestro propio cuerpo y en el de los demás.
- Descubrir las diferentes posibilidades de movimiento que ofrece cada segmento corporal.
- Adaptar nuestros movimientos corporales a las circunstancias de cada situación en los diferentes juegos.
- Experimentar diferentes posibilidades de utilización corporal.
- Sentir satisfacción al dominar el propio cuerpo.

4. Contenidos:

Contenidos conceptuales

- Identificación de las diferentes partes del cuerpo que intervienen en cada actividad.
- Reconocimiento de las distintas posibilidades de movimiento de cada segmento corporal.

Contenidos procedimentales

- Vivenciación de diferentes situaciones de utilización del propio cuerpo.
- Experimentación y exploración de las posibilidades de movimiento corporal.

Contenidos actitudinales

- Actitud de respeto hacia el propio cuerpo y el de los demás.
- Valoración de sus propias posibilidades y limitaciones corporales.

5. Temporalización:

Nº sesión	***Aspectos a tratar***
1	Evaluación inicial
2	Reconocimiento de las diferentes partes del cuerpo.
3	Experimentación de diferentes movimientos con cada segmento corporal.
4	Vivenciación de experiencias de control corporal (estáticas y dinámicas).
5	Evaluación final

6. Metodología:

Utilizaremos **juegos**, ya que fomentan la creatividad, sirven para liberar tensiones, potencian la interacción social y son, por tanto, un medio de reequilibrio.

Es importante citar algunas **pautas metodológicas** básicas que llevaré a cabo a lo largo de la unidad didáctica para una mejor integración del alunmo/a hipoacúsico:

- A la hora de explicar los distintos juegos, es aconsejable que haya algún tipo de apoyo visual para las explicaciones dadas (por ejemplo una pizarra, un proyector de transparencias...), para que el aumno/a nos entienda mejor. Además de esto, tendremos en cuenta que tenga siempre contacto visual con el docente, y éste debe vocalizar bien, para que en el caso de que no oyese completamente las palabras, pudiese leer los labios.
- Facilitaremos la interacción entre alumnos/as, estimulando un aprendizaje cooperativo donde se den todo tipo de agrupamientos. Esto ayudará en gran medida al alumno hipoacúsico, ya que hay que recordar que este tipo de deficiencia suele traer asociado un aislamiento y escasa tendencia a desarrollar el rol social, hándicap que mejoraremos por medio de los juegos.
- Como es característico de esta deficiencia poseer un desarrollo motor entre un año y año y medio por debajo del normal, en la unidad didáctica se incluyen gran variedad de actividades motoras, realizadas por medio de los juegos propuestos.

- El gimnasio donde se realiza las sesiones puede poseer espejos en uno de los dos lados; ello nos ayudará a corregir la postura de andar caído de hombros que presenta este alumno, ya que es característico que desaparezca la referencia del ruido de fondo, y suele resultar dificil relacionar espacio y movimiento.

7. Evaluación:

Lista de control	**SI**	**NO**
Conoce las distintas partes del cuerpo, en su propio cuerpo y en de los demás		
Es capaz de adoptar posiciones diversas: arrodillado, cuclillas...		
Realiza desplazamientos poco habituales correctamente: reptar, cuadrupedia, trepar, rodar...		
Adapta sus movimientos a cada situación propuesta.		

Criterios de evaluación:

- Reconocer las diferentes partes del cuerpo.
- Identificar las distintas posiciones que podemos adoptar con nuestro cuerpo (sentado, agachado, cuclillas...)
- Experimentar diferentes acciones que se pueden realizar con cada segmento corporal.

UNIDAD DIDÁCTICA 11: Como saltimbanquis

1. Introducción.

El niño inicia la Educación Primaria con unos patrones básicos de movimiento relativamente consolidados, lo que le permite un cierto grado de autonomía. Siguiendo a Sanchez Bañuelos el primer ciclo se corresponde con la fase de desarrollo de las habilidades motríces básicas por medio de juegos y tareas.

En conclusión, para el desarrollo de las habilidades gimnásticas en alumnos del primer ciclo se realizará una unidad didáctica basada en el trabajo de dichas habilidades por medio de juegos.

2. Relación con el currículo

Con objetivos de etapa: se relaciona directamente con los objetivos d, e y k.

Con objetivos de área: se relaciona directamente con los objetivos 1, 3 y 5.

Con bloques de contenidos: se relaciona con "El cuerpo: habilidades y destrezas", e indirectamente con los demas, especialmente con el 5º: "Los juegos".

Con otras áreas: tiene una especial vinculación con Conocimiento del medio, matemáticas y Lengua.

Con temas transversales: se vincula con educación para la salud, cívica y moral, y con la igualdad de oportunidades para ambos sexos.

3. Objetivos didácticos.

- Vivenciar diversos desplazamientos, saltos y giros, y hacer que los aplique en las diversas situaciones que se le ofrezcan.
- Experimentar situaciones que le ayuden a consolidar y utilizar patrones motrices básicos.
- Reconocer el dominio que tenemos del propio cuerpo y encontrar nuevas posibilidades de utilizarlo.
- Fomentar relaciones y la cooperación entre alumnos/as a través de las distintas habilidades.

4. Contenidos.

Contenidos conceptuales.

- Conocimientos de formas y posibilidades de movimiento.
- Identificación de las principales posiciones corporales en función de las habilidades que se desarrollen.

Contenidos procedimentales.

- Experimentación y exploración de habilidades motrices en las distintas situaciones y formas de ejecución (desplazamientos, saltos, giros,...).
- Mejora de las conductas motrices habituales a través del ajuste neuromotor.

Contenidos actitudinales.

- Actitud de interes por aumentar su competencia en las habilidades motríces.
- Aceptación de las propias posibilidades y limitaciones.

5. Temporalización.

Nº Sesión	Aspectos a tratar
1	Evaluación inicial.
2	Habilidades motrices con el cuerpo: saltos, trepas, cuadrupedias...
3	Giros sobre el eje transversal: voltereta adelante.
4	Giros sobre el eje transversal: voltereta hacia atrás.
5	Evaluación final.

6. Metodología.

Utilizamos **juegos** por considerarlos recursos metodológicos adecuados.

7. <u>Evaluación.</u>

Lista de control	*SI*	NO
Participa activamente colaborando con sus compañeros de grupo.		
Realiza adecuadamente distintos desplazamientos en situaciones de juego.		
Es capaz de efectuar giros en el eje transversal correctamente.		
Domina adecuadamente su cuerpo en los saltos trabajados mediante juegos.		

Criterios de evaluación:

- Conocer y dominar diversos desplazamientos aplicándolos a distintas situaciones.
- Realzar saltos con un adecuado dominio de su cuerpo.
- Se capaces de realizar giros conociendo las posturas corporales más adecuadas para su realización (por ejemplo: cuerpo agrupado, barbilla al pecho ... para realizar la voltereta).
- Participar en las actividades realizadas de acuerdo con sus propias posibilidades y limitaciones.

UNIDAD DIDÁCTICA 12: Manipulamos el material

1. <u>Introducción.</u>

Sabemos que es propio de estas edades el interés de nuestros alumnos/as por explorar y manipular lo que les rodea. Por ello, debemos aprovechar esta tendencia natural de nuestros alumnos/as para presentar una unidad didáctica en la que a partir de la utilización de diverso material se desarrollen otra serie de aspectos relacionados con la ejecución motriz, como es el caso de la coordinación segmentaria. Aunque debemos recordar, que en el primer ciclo, trabajeremos dichos aspectos por medio del desarrollo de habilidades.

2. <u>Relación con el curriculum.</u>

Con objetivos de etapa: se relaciona directamente con los objetivos c, d y k.

Con objetivos de área: se relaciona directamente con los objetivos 1, 3, 4 y 5.

Con bloques de contenidos: se relaciona con "El cuerpo: habilidades y destrezas", e indirectamente con los demas, especialmente con el 5º: "Los juegos".

Con otras áreas: tiene una especial vinculación con Conocimiento del medio, Matemáticas y Lengua.

Con temas transversales: se vincula con educación para la salud, educación para el consumidor, educación cívica y moral y con la igualdad de oportunidades para ambos sexos.

3. Objetivos didácticos.

- Desarrollar las habilidades necesarias en la utilización y manipulación de materiales de su gimnasio.
- Resolver problemas que exigan el dominio de capacidades resultantes (tales como la coordinación segmentaria), adecuándose a los estímulos perceptivos y seleccionando los movimientos.
- Reconocer las normas de seguridad a tener en cuenta en el manejo de ciertos materiales.
- Respetar los diferentes niveles de competencia.

4. Contenidos.

Contenidos conceptuales.

- Conocimiento de diversas formas y posibilidades de utilización de diferentes objetos.

Contenidos procedimentales.

- Manipulación de materiales para adaptarlos a diversos juegos y actividades.
- Experimentación y exploración de habilidades con objetos en las distintas situaciones que mejoren la coordinación, tanto global como segmentaria.

Contenidos actitudinales.

- Colaboración con los compañeros y participación e integración en el grupo.

5. Temporalización.

Nº Sesión	Aspectos a tratar
1	Evaluación inicial.
2	Experimentación de habilidades con material tradicional: pelotas, cuerdas, globos, aros...
3	Exploración de habilidades con material alternativo: discos voladores, indiacas, raquetas elásticas...
4	Desarrollo de habilidades con material de deshecho: periódicos, latas, botellas de plástico...
5	Evaluación final.

6. Metodología.

Utilizamos **juegos** por considerarlos recursos metodológicos adecuados.

7. Evaluación.

Lista de control	***SI***	**NO**
Conoce distintos materiales y sus diversas aplicaciones para la educación física.		
Reconoce la importancia de reutilizar materiales.		
Adapta sus movimientos a las diferentes condiciones presentes en los juegos.		
Manipula adecuadamente cada objeto en función de cada situación presentada.		

Criterios de evaluación:

- Conocer usos de diferente material aplicados a la Educación Física.
- Ajustar sus respuestas motoras adecuadamente en función de la utilización de diverso material.
- Utilización correcta de cada material según las características de cada situación.
  1. Participar en las actividades realizadas de acuerdo a sus propias posibilidades y limitaciones.

UNIDAD DIDÁCTICA 13: Me expreso contigo

1. <u>Introducción.</u>

Durante los primeros ciclos de la Educación Primaria, la comunicación y expresión no verbal deben tener un tratamiento curricular integrado y globalizado. Incluye el lenguaje corporal, dramatizaciones, imitaciones...Estas actividades de expresión corporal deben trabajarse una vez se hayan adquirido conocimientos con respecto a la imagen y percepción del propio cuerpo.

Esta unidad didáctica pretende educar la expresividad y creatividad, y conjuntamente con otras áreas pretenden mejorar las capacidades de comunicación verbal y no verbal de los alumnos/as, por lo tanto es muy importante trabajarla para el desarrollo integral de individuo.

2. <u>Relación con el curriculum.</u>

Con objetivos de etapa: se relaciona directamente con los objetivos b, d y k.

Con objetivos de área: se relaciona directamente con los objetivos 1, 6 y 8.

Con bloques de contenidos: se relaciona con "El cuerpo: expresión y comunicación", e indirectamente con los demas, especialmente con el 5º: "Los juegos".

Con otras áreas: tiene una especial vinculación con Conocimiento del medio, Matemáticas y Lengua.

Con temas transversales: se vincula con educación para la salud, educación cívica y moral, educación para la paz, y con la igualdad de oportunidades para ambos sexos.

3. Objetivos didácticos.

- Comprender mensajes sencillos a partir de diversas formas de expresión corporal.
- Descubrir las capacidades expresivas del cuerpo.
- Desarrollar la capacidad expresiva y creativa.
- Favorecer las posibilidades comunicativas mediante movimientos corporales de imitación y representación.
- Valorar el propio cuerpo como medio de expresión y de divertimento.
- Favorecer la desinhibición y las relaciones con los demás.
- Cooperar con los compañeros a través de la expresión corporal.

4. Contenidos.

Contenidos conceptuales.

- La comunicación gestual. Comprensión de mensajes sencillos.
- Reconocimiento de las distintas posibilidades del cuerpo para expresarse y comunicarnos.

Contenidos procedimentales.

- Utlilización del gesto y el movimiento para la expresión, la representación y la comunicación.
- Imitación de diferentes situaciones.

Contenidos actitudinales.

- Valoración de los usos expresivos y comunicativos del cuerpo.
- Actitud de desinhibición, espontaneidad y comunicación.
- Actitud de participación en las distintas actividades propuestas, cooperando con los compañeros.

5. Temporalización.

Nº Sesión	Aspectos a tratar
1	Evaluación inicial.
2	Juegos de expresión y desinhibición.
3	Imitación de personajes, acciones...
4	Expresión y comunicación a través de un cuento motor.
5	Evaluación final.

6. Metodología.

Utilizamos **juegos** y un **cuento motor**.

7. Evaluación.

Lista de control	***SI***	**NO**
Conoce nuevas formas de expresión no verbal		
Comprende mensajes corporales sencillos realizados por los compañeros.		
Utiliza el gesto y el movimiento para la expresión y la comunicación.		
Realiza distintas acciones con soltura, ya sean inventadas o imitadas.		
Participa en las actividades propuestas mostrando interés y espontaneidad.		

Criterios de evaluación:

- Reconocer las posibilidades corporales, con respecto a la expresión y comunicación.
- Utilizar el gesto y el movimiento como instrumentos de comunicación y expresión.
- Ser capaz de comprender mensajes corporales sencillos.

Participar en las actividades de expresión corporal cooperando con los demás.

UNIDAD DIDÁCTICA 14: Nuestros juegos

1. Introducción.

En estas edades es muy importante ofrecer los contenidos a través de los juegos. Éstos fomentan la creatividad, sirven para liberar tensiones y potencian la interacción social. Además en el caso de los juegos populares y tradicionales, se añade la relación intergeneracional, y a través de ellos el niño se relaciona con su entorno sociocultural.

A lo largo de la unidad didáctica se verán distintos juegos populares y tradicionales, entendiendo que las reglas que poseen dichos juegos pueden adaptarse según las características de nuestros alumnos/as.

2. Relación con el curriculum.

Con objetivos de etapa: se relaciona directamente con los objetivos d, j y k.

Con objetivos de área: se relaciona directamente con los objetivos 1, 6 y 7.

Con bloques de contenidos: se relaciona especialmente con el 5º: "Los juegos".

Con otras áreas: tiene una especial vinculación con Conocimiento del medio, Matemáticas y Lengua.

Con temas transversales: se vincula con educación para la salud, educación cívica y moral, educación para la paz, y con la igualdad de oportunidades para ambos sexos.

3. Objetivos didácticos.

- Conocer distintos juegos populares y tradicionales para aplicarlos en su tiempo libre.
- Participar en diversos juegos populares mostrando interés por conocer los juegos que se practicaban antiguamente.
- Disfrutar de los juegos populares independientemente de los resultados obtenidos.
- Actitud de respeto y colaboración con los demás miembros del grupo.

4. Contenidos.

Contenidos conceptuales.

- Conocimiento de diferentes juegos populares y tradicionales.
- Reconocimiento de la importancia del juego como medio de disfrute y de utilización en el tiempo libre.

Contenidos procedimentales.

- Experimentación y puesta en práctica de distintos juegos populares y tradicionales.
- Uso de las estrategias básicas de los juegos populares, haciendo mayor hincapié en las de cooperación.

Contenidos actitudinales.

- Colaboración con los compañeros y participación e integración en el grupo.
- Valoración de los juegos populares y tradicionales como medio de relación intergeneracional.

5. Temporalización.

Nº Sesión	Aspectos a tratar
1	Evaluación inicial.
2	Juegos populares de locomoción.
3	Juegos populares de cuerda y goma.
4	Juegos populares de pelota y balón.
5	Evaluación final.

6. Metodología.

Utilizamos **juegos** por considerarlos recursos metodológicos adecuados.

7. Evaluación.

Lista de control	***SI***	**NO**
Reconoce los nombres de los juegos.		
Colabora con sus compañeros.		
Muestra interés por conocer los juegos a los que jugaban sus padres y abuelos.		
Utiliza su cuerpo de forma adecuada a cada situación.		
Cumple las reglas de juego.		

Criterios de evaluación:

- Reconocer la importancia de los juegos populares y tradicionales para una adecuada conocimiento del medio socio-cultural.
- Ser capaces de respetar las reglas de los juegos.
- Conocer los aspectos básicos de los distintos juegos populares propuestos.
- Participar en los juegos de forma activa, adecuándose a sus posilidades y limitaciones.

UNIDAD DIDÁCTICA 15: Explorando mi entorno

1. Introducción:

La naturaleza ha constituido siempre un entorno ideal donde se han realizado acciones cotidianas (sobrevivir, crecer, adaptarse y, por supuesto, recrearse). Su inclusión en el currículum como actividad físca organizada en el medio natural se justifica con la importancia de conocer, respetar y utilizar el medio natural con racionalidad, aprovechando sus potenciales educativas. Ayuda a una formación integral conociendo fenómenos naturales, adquiriendo hábitos de respeto hacia la naturaleza y mejorando las capacidades motríces.

En este marco, la actuación docente se centrará en la consecución de objetivos específicos de la Educación física y su relación con el resto de las áreas curriculares (interdisciplinariedad).

2. Relación con el currículo

Con objetivos de etapa: se relaciona directamente con los objetivos a y f.

Con objetivos de área: se relaciona directamente con los objetivos 1 y 7.

Con bloques de contenidos: se relaciona con "El cuerpo: Habilidades y destrezas", e indirectamente con los demás, especialmente con el 5º: "Los juegos".

Con otras áreas: se relaciona principalmente con Conocimiento del medio.

Con temas transversales: se relaciona claramente con educación ambiental.

3. Objetivos didácticos:

- Practicar diversos juegos aprovechando el entorno natural.
- Experimentar y explorar las posibilidades de la naturaleza como medio para organizar su tiempo libre.
- Conocer las normas básicas de respeto y utilización del medio natural.
- Identificar la mayor variedad posible de actividades lúdicas que pueden realizar en la naturaleza.
- Sentir satisfación por realizar actividades en la naturaleza y colaborar en su conservación y mejora.

4. Contenidos:

Contenidos conceptuales

- Reconocimiento de la posibilidad de realizar juegos en la naturaleza.
- Identificación de las medidas para una correcta utilización del medio natural.

Contenidos procedimentales

- Experimentación de juegos y actividades físicas en el medio natural.
- Realización de actividades lúdicas donde se desarrollen habilidades y destrezas motrices en la naturaleza.

Contenidos actitudinales

- Actitud de cuidado y respeto por el medio natural.
- Valoración de las actividades en el medio natural como un recurso a utilizar en las horas de ocio o tiempo libre.

5. Temporalización:

Nº sesión	***Aspectos a tratar***
1	Evaluación inicial.
2	Juegos que trabajen los desplazamientos (marcha, trepa, cuadrupedías, reptaciones ...) y saltos (carreras de sacos ...)
3	Juegos que trabajen los lanzamientos (petanka, llave, mariola, ...)
4	Juegos con diversos materiales (pelotas, cuerdas, discos voladores ...)
5	Evaluación final (gymkhana)

6. Metodología:

Utilizamos **juegos** en todas las sesiones por considerarlos recursos metodológicos adecuados.

7. Evaluación.

Lista de control	***SI***	**NO**
Participa y colabora en la realización de juegos en el entorno próximo.		
Valora la importancia del cuidado de la naturaleza en el desarrollo de las actividades.		
Ejecuta adecuadamente los desplazamientos, saltos y lanzamientos en el medio natural.		
Manipula correctamente la diversidad de material respetando el entorno.		

Criterios de evaluación:

- Conocer y dominar los distintos desplazamientos y saltos.
- Reconocer la importancia de la conservación y mejora del medio natural.
- Conocer y valorar sus propias posibilidades y limitaciones.

  1. Adquirir un amplio repertorio de juegos para realizar en el medio natural.

8. METODOLOGÍA

Se utilizará el juego como recurso metodológico en todas las sesiones (como mínimo en la animación y en la vuelta a la calma), si bien se recurrirá igualmente a diversos estilos de enseñanza.

Respecto al **juego**, se podría definir según Cagigal (1957) como una "acción libre, espontánea, desinteresada e intrascendente, que surge de la vida habitual, se efectúa en una limitación espacial y temporal, conforme a unas determinadas reglas, establecidas o improvisadas, y cuyo elemento informativo es la tensión". Su utilización es recomendable en Educación Primaria, debido a muchas de sus características: Divertido, educativo, evasivo, motivante, libre, gratuito, ficticio, incierto, convencional, creativo, coeducativo, espontáneo, significativo, integral...

Respecto a los **estilos de enseñanza**, cabe destacar que, como se habrá podido observar en el desarrollo de las unidades didácticas, aparece reflejado qué estilo o estilos se utilizan en las mismas. A continuación se da una breve información de cada uno:

⇒ **Mando directo:** Este estilo tiene una larga historia en la Educación Física. Está basado en el estímulo-respuesta. El alumno/a responde a unos estímulos, que pueden ser dados en varios canales (auditivo, visual, táctil). Sus características básicas son la disciplina, las disposiciones geométricas y las respuestas al unísono. El docente establece los objetivos, orden, cantidad de ejecución-actividad, calidad... y observa las acciones del alumnado. Según Muska Mosston (1978), esta estructura parece ser bastante pura y perfecta, y quizás no existe en la realidad. El esquema que sigue es: *Demostración → Explicación → Ejecución → Evaluación.*

⇒ **Asignación de tareas:** El alumno/a actúa, realiza la tarea, de acuerdo a su propia voluntad. El maestro/a tiene un contacto más directo con la clase. Se facilitan las tareas y no se obliga al alumnado. Una vez explicado lo que hay que hacer, el alumno/a es independiente a la hora de elegir, finalizar la tarea, número de repeticiones o tiempo a dedicar. Según Muska Mosston (1978), está considerado como uno de los estilos que más motiva, porque siempre se adapta a los diferentes niveles.

⇒ **Enseñanza recíproca:** El alumno/a pasa a ser profesor/a. Se puede realizar en pequeño grupo o en gran grupo. El alumno/a es observador y corrector. Aunque el profesor/a decide las tareas y ejercicios que se van a realizar, además del patrón de organización de la clase, el niño/a puede traer su propio material a la escuela, y posee una buena relación con el docente, ya que éste confía en él una nueva función: Observador. Sólo se debe corregir a estos observadores.

⇒ **Descubrimiento guiado:** Se propone una tarea para que el alumno/a descubra. El profesor/a guía la consecución de los objetivos, pero nunca da la solución. Ocurre que: *Disonancia cognitiva → Investigación → Descubrimiento.* Hay que tener en cuenta que, como dice Piaget (1946), "El hecho de que el alumno obtenga una respuesta que le pertenece por haberla descubierto él mismo, refleja una dimensión especial en la internalización de los datos". El maestro/a dará pistas, y pasará a la siguiente cuando la respuesta anterior sea correcta. Si hay varias respuestas posibles, se dará un indicio para que el alumnado se decida por una.

⇒ **Resolución de problemas:** Se plantean problemas en los que hay varias soluciones; Se trabaja, igual que en el estilo anterior, la disonancia cognitiva. El grado de libertad y participación individual es casi completo. El alumno/a se motiva por el descubrimiento de "nuevas" soluciones (a diferencia del descubrimiento guiado, aquí no hay sólo una ejecución). Ocurre, igual que en el estilo anterior: *Disonancia cognitiva → Investigación → Descubrimiento.*

Este estilo genera un más alto nivel de resistencia en la realización de la tarea que obedece a una automotivación.

Algunos **principios básicos** que se tendrán en cuenta a lo largo de todas las sesiones son los siguientes:

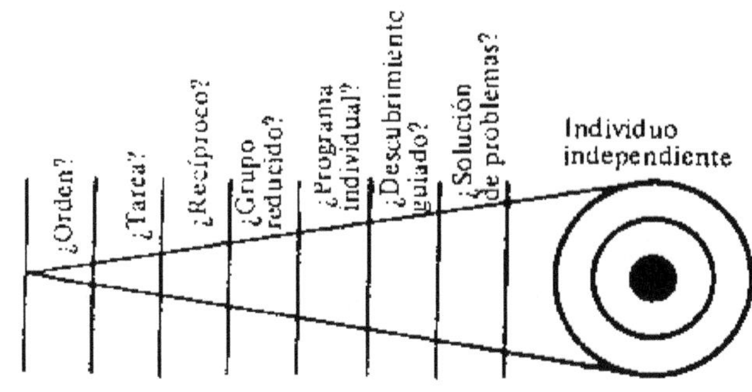

- → Refuerzo positivo: Es importante que los alumnos/as estén continuamente motivados, y la motivación propiciará una sensación de éxito y confianza mediante el conocimiento de sus progresos y los elogios por parte del profesor/a. De esta forma, se creará un ambiente de confianza en el que el alumno/a se siente seguro/a.
- → Progresión: Hay que seguir una progresión de ejercicios; es decir, ir de lo fácil a lo difícil, de lo sencillo a lo complejo, paulatinamente.
- → Intensidad: Los estímulos dados serán lo suficientemente intensos para que los ejercicios sean asimilados adecuadamente.
- → Transferencia: Cuando se efectúa un nuevo movimiento, éste debe basarse en el patrón de otros movimientos aprendidos anteriormente.
- → Intereses: Los ejercicios planteados a los alumnos/as deben estar de acuerdo con los intereses y necesidades de éstos, para lograr un aprendizaje significativo.
- → Individualización: Hay que respetar las características morfológicas, fisiológicas y funcionales de cada niño/a. Cada uno "es como es". De ahí que a la hora de evaluar se tenga en cuenta la actitud y la aptitud.
- → Participación: No habrá aprendizaje si el niño/a no participa activamente.

Además, el docente no debe olvidar las siguientes **pautas de actuación**:

- Preparará siempre la clase para evitar rutina e improvisación.
- Dará explicaciones breves, claras y concretas.
- Creará un clima de atención.
- Cuando se necesite, hará demostraciones de ejercicios.
- Utilizará vocabulario adecuado según el nivel de los alumnos/as.
- Durante las explicaciones y demostraciones, se colocará en lugares visibles para que los alumnos/as lo oigan y vean sin dificultad.

9. EVALUACIÓN

La **evaluación** educativa, según Lagardera (1999), se define como "el mecanismo de recogida de información que una vez valorada debe servir para tomar determinadas decisiones". Esta información será referida al alumnado y al propio docente, cuestionándose aspectos de la programación o del proceso de enseñanza-aprendizaje que pudiesen haber fallado. Así, el objeto de la evaluación educativa se extiende desde la valoración del nivel de aprendizaje del alumnado, hasta el análisis global de todos los componentes del modelo educativo de que se trate (objetivos, contenidos, materiales y recursos, actuación del docente, hasta la metaevaluación, que es la evaluación del propio sistema de evaluación).

Se seguirá la **Orden del 23 de noviembre de 2007** (DOG del 30-11-07), por la que se regula la evaluación en la Educación Primaria en la Comunidad Autónoma de Galicia.

Uno de los aspectos destacables que determina esta orden es que los **resultados de la evaluación** se expresarán como insuficiente (IN), suficiente (SU), bien (BE), notable (NT) y sobresaliente (SB).

Para calificar en base a estos criterios, se obtendrá información **cualitativa** (subjetiva) del progreso del alumnado por medio de las escalas de valoración, ejemplificadas en las unidades didácticas. Cada una de ellas posee una numeración de 1 a 5, en función del grado de consecución del ítem formulado. La evaluación será **criterial**, interpretando los resultados en función del alumno/a y evaluando su propio progreso.

Además, cada trimestre se le dará a los alumnos/as una documentación elaborada por el propio docente, en la cual se comentan las características más interesantes de los aprendizajes llevados a cabo en esa evaluación. Posteriormente se hará un **examen teórico**, que también se tendrá en cuenta para emitir la calificación final del área.

En dos unidades didácticas (las números 3 y 4, que desarrollan la condición física), se realiza un test de condición física. Esto se corresponde con la evaluación **cuantitativa** (objetiva, medible y cuantificable), pero no se usará para calificar, sino para comprobar el nivel madurativo y motriz del alumnado con respecto a su media de edad y, en caso de observar que algún alumno/a no se mantiene en los percentiles normales para su edad, poder adoptar las medidas oportunas. Es decir, en ese caso se hará una evaluación **normativa**, comparando los resultados de cada alumno/a con los del resto del grupo.

El docente utilizará como **instrumento de evaluación**, además de las escalas de valoración citadas, un anecdotario o registro anecdótico, que cubrirá al finalizar cada sesión y en el que registrará las incidencias observadas, los aspectos más representativos de la sesión, de los alumnos/as, etc.

Respecto a los **momentos de la evaluación**:

- Al principio de la unidad didáctica es conveniente tener un conocimiento preciso sobre el estado en que se encuentran nuestros alumnos/as respecto a los nuevos contenidos a desarrollar. En todas las unidades que se aplican a lo largo del curso, la primera sesión tiene la función de evaluación inicial, valorando los conocimientos del alumnado sobre los nuevos contenidos a tratar. Es decir, será una sesión ordinaria, pero haciendo especial hincapié en tomar registros (por medio de una escala de valoración).
- A lo largo de la unidad, seremos conscientes de las incidencias presentadas: Si están claros los objetivos, si la selección de contenidos es ajustada, el enfoque metodológico apropiado, las actividades atractivas o eficaces, así como la manera en que los alumnos/as responden al trabajo. Todo esto forma parte de la evaluación continua, que también se identifica con la evaluación formativa, porque se entiende que los resultados sirven para realizar los ajustes y correcciones necesarias.
- Al final de la unidad didáctica, es preciso que se compruebe el grado de aprendizaje de los contenidos por parte de los alumnos/as; esto se conoce como evaluación sumativa o final. Igualmente se registrará por medio de una escala de valoración.

10. BIBLIOGRAFÍA

- Anderson, B. (1984). *Estirándose.* Barcelona: Integral.
- Annicchiarico, R. (2005). *Manual de Didáctica de la Educación Física.* Santiago: Copy Nino.
- Bardají, M. A. (1996). *Educación Física en el tercer ciclo de Primaria. Desarrollo curricular.* Barcelona: Paidotribo.
- Blázquez, D. (1999). *Evaluar en Educación Física.* Barcelona: INDE.
- Blázquez, D. (1986). *Iniciación a los deportes de equipo.* Madrid: Martínez Roca.
- Cagigal, J. M. (1996). *Obras selectas.* Cádiz: C.O.E., A.E.D.pT.
- Capllonch, M. (1994). *Unidades didácticas para Primaria III. Habilidades y destrezas básicas. Pásame el balón; indiacas, planchas, raquetas,...; jugamos con el stick.* Barcelona: INDE.
- Castañer, M.; Camerino, O. (1996). *La educación física en la enseñanza primaria.* Barcelona: INDE.
- Cortizas, A. (2001). *Chirlosmirlos. Enciclopedia dos xogos populares.* Vigo: Xerais.
- Delgado Noguera, M. (1991). *Los estilos de enseñanza en Educación Física. Propuesta para una reforma de la enseñanza.* Granada: ICE de la Universidad de Granada.
- Famose, J. (1992). *Aprendizaje motor y dificultad de la tarea.* Barcelona: Paidotribo.
- Florence, J. (1991). *Tareas significativas en Educación Física escolar.* Barcelona: INDE.
- Gimeno Sacristán, J. (1993). *Comprender y transformar la enseñanza.* Madrid: Morata.
- González, M. E. (1989). *Educación Física en Primaria. Unidades didácticas. 3º ciclo.* Barcelona: Paidotribo.
- Grupo EFICREA. (1996). *Unidades didácticas para Primaria V. Descubrimos el cuerpo; somos equilibristas; perdidos en el espacio y en el tiempo.* Barcelona: INDE.
- Grupo EFICREA. (1997). *Unidades didácticas para Primaria VI. Exploramos nuestras habilidades; somos espontáneos y naturales; disfrutamos jugando.* Barcelona: INDE.

- Gutiérrez, M. (1991). *La educación psicomotriz y el juego en la edad escolar.* Sevilla: Wanceulen.
- Hahn, E. (1988). *Entrenamiento con niños.* Barcelona: Martínez Roca.
- Hernández, J. (1998). *Análisis de las estructuras del juego deportivo.* Barcelona: INDE.
- Invernó, J. (1998). *Unidades didácticas para Primaria VIII. Circulemos en bicicleta; carreras de orientación; montamos un circo.* Barcelona: INDE.
- Lawther, J. (1983). *Aprendizaje de las habilidades motrices.* Buenos Aires: Paidós.
- Mosston, M. (1993). *La enseñanza de la Educación Física.* Barcelona: Hispano Europea.
- Motos Teruel, T. (1985). *Juegos y experiencias de expresión corporal.* Tarragona: Humanitas.
- Palacios, J (1995). *Xogos motores.* Santiago de Compostela: Lea.
- Pérez y Verdes, R. (1997). *Xogos populares en Galicia.* Santiago de Compostela: Lea.
- Pieron, M. (1988). *Didáctica de las actividades físicas y deportivas.* Madrid: Gymnos.
- Pinos, M. (1997). *Actividades Físico Deportivas en la Naturaleza.* Madrid: Gymnos.
- Ruiz, F. (2001). *Desarrollo de la motricidad a través del juego.* Madrid: Gymnos.
- Sales, J. (1997). *La evaluación de la educación física en primaria.* Barcelona: INDE.
- Sánchez Bañuelos, F. (1989). *Bases para una didáctica de la educación física y el deporte.* Madrid: Gymnos.
- Schinca, M. (1988). *Expresión corporal. Bases para una programación teórico-práctica.* Madrid: Escuela Española.
- Singer, R. (1986). *El aprendizaje de las acciones motrices en el deporte.* Madrid: Hispano Europea.
- Toro, S.; Zarco, J (1995). *Educación Física para niños y niñas con necesidades educativas especiales.* Málaga: Aljibe.

- Viciana, J. (2002). *Planificar en Educación Física*. Barcelona: INDE.
- VV.AA. (1998). *Anatomía, fisiología y primeros auxilios.* A Coruña: Xaniño.
- VV.AA. (2001). *El juego y los alumnos con discapacidad.* Barcelona. Paidotribo.
- VV.AA. (1982). *La Educación Física escolar*. Valladolid: Miñón.

www.ingramcontent.com/pod-product-compliance
Ingram Content Group UK Ltd.
Pitfield, Milton Keynes, MK11 3LW, UK
UKHW050613260726
13967UKWH00008B/2848